Impressum
Verlag: BABADADA GmbH, Nedderfeld 112 , 22529 Hamburg
Geschäftsführer / Verlagsleitung: Harald Hof
Druck: Books on Demand GmbH, In de Tarpen 42, 22848 Norderstedt

Imprint
Publisher: BABADADA GmbH, Nedderfeld 112 , 22529 Hamburg, Germany
Managing Director / Publishing direction: Harald Hof
Print: Books on Demand GmbH, In de Tarpen 42, 22848 Norderstedt, Germany

школа

baba

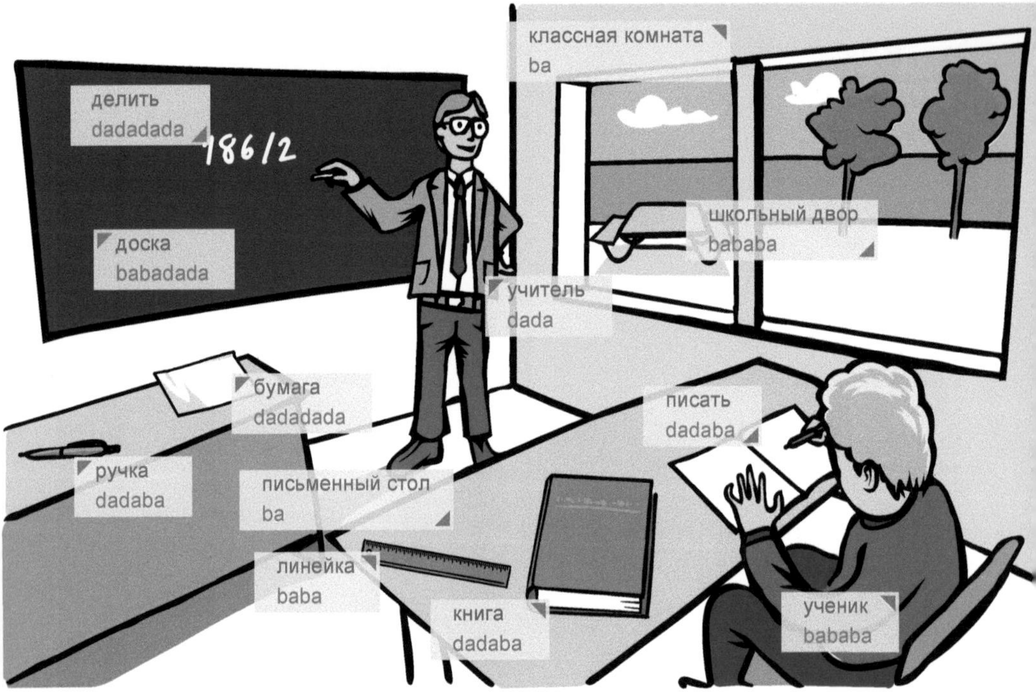
классная комната
ba
делить
dadadada
186/2
доска
babadada
школьный двор
bababa
учитель
dada
бумага
dadadada
писать
dadaba
ручка
dadaba
письменный стол
ba
линейка
baba
книга
dadaba
ученик
bababa

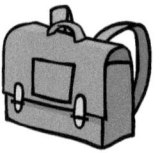

ранец

dadaba

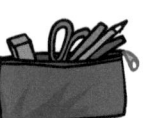

пенал

dada

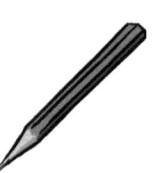

карандаш

bababa

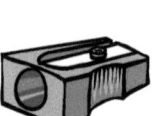

точилка

dadaba

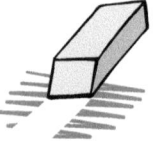

ластик

baba

альбом для рисования

ba

рисунок

bababa

кисточка

ba

коробка красок

dada

ножницы

babadada

клей

dadaba

тетрадь

dadadada

домашняя работа

babadada

12

цифра

bababa

2+2

прибавлять

dadaba

5-2

вычитать

bababa

2×2

умножать

badada

считать

dadababa

А

буква

babababa

ABCDEFG HIJKLMN OPQRSTU VWXYZ

алфавит

babababa

слово

dada

текст

babadada

читать

dadadada

мел

dada

урок

babababa

классный журнал

ba

экзамен

baba

диплом

babababa

школьная форма

babadada

образование

babababa

энциклопедия

dadababa

университет

babababa

микроскоп

dadababa

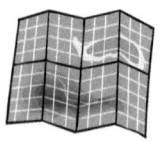

карта

bababa

корзина для бумаг

babadada

путешествие

baba

гостиница
babadada
Grand
турбаза
dadaba
ROOMS
пункт обмена валюты
dadadada
чемодан
dada
автомобиль
ado

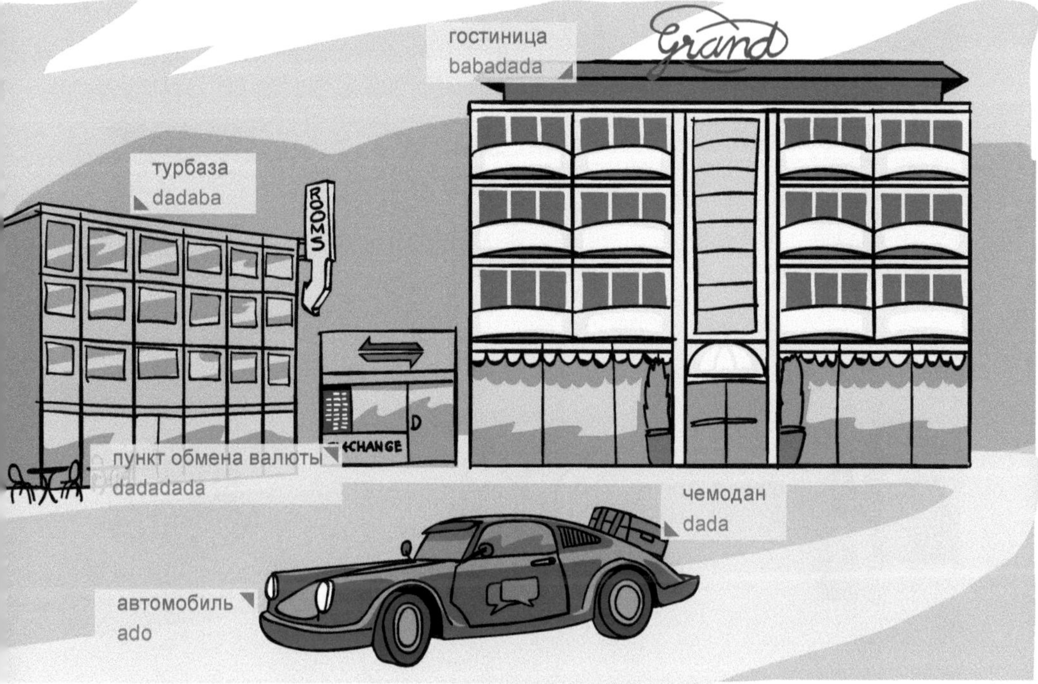

язык
dadadada

да / нет
da / meh

хорошо
Oh

Привет
ba

переводчик
dada

Спасибо
dada

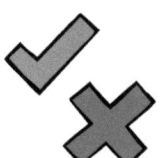

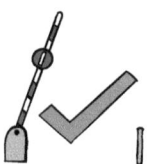

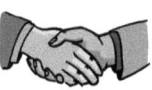

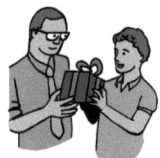

Сколько стоит…?

bababababa

Я не понимаю

ah

проблема

dadaba

Добрый вечер!

ba dada

Доброе утро!

babadada

Доброй ночи!

heia!

До свидания

dadaba

направление

badada

багаж

dada

сумка

bababababa

рюкзак

bababababa

гость

baba

комната

dadadada

спальный мешок

dadadada

палатка

dada

туристическая
информация
dadadada

пляж
badada

кредитная карточка
babadada

завтрак
dadababa

обед
baba

ужин
bababa

билет
dada

лифт
dada

почтовая марка
babadada

граница
badada

таможня
dadaba

посольство
babadada

виза
dadaba

паспорт
dada da da da

транспорт

dadadada

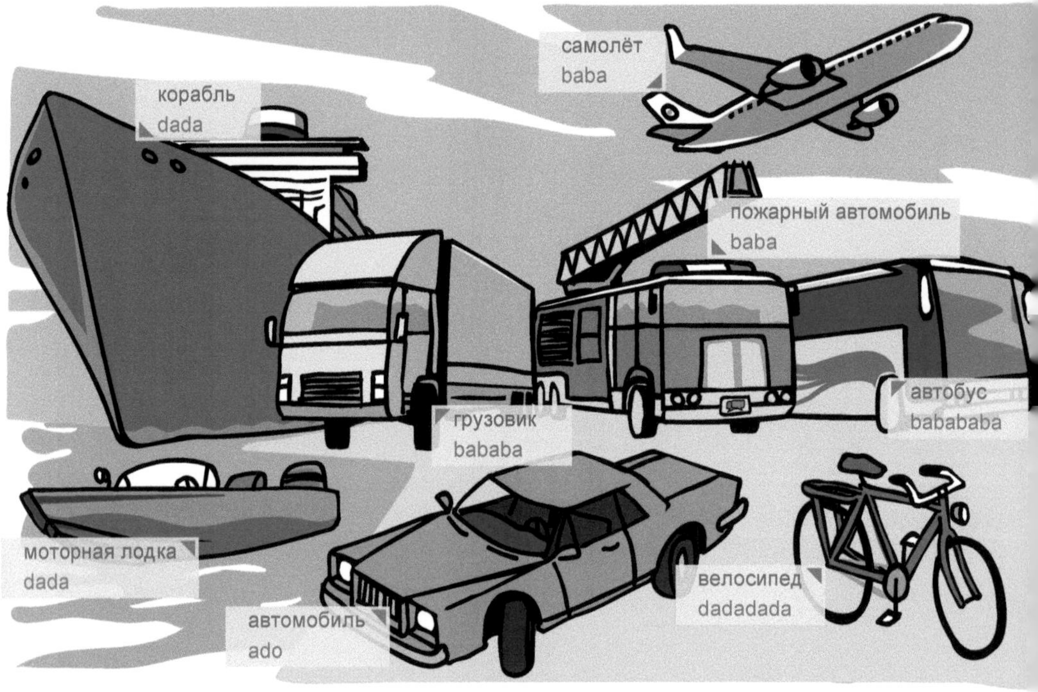

самолёт
baba
корабль
dada
пожарный автомобиль
baba
автобус
babababa
грузовик
bababa
моторная лодка
dada
велосипед
dadadada
автомобиль
ado

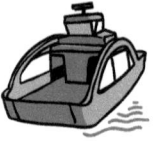

паром

babadada

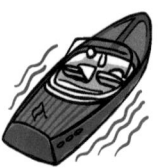

лодка

baba

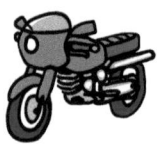

мотоцикл

bababa

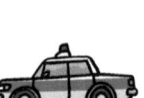

полицейский автомобиль

ado

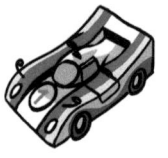

гоночный автомобиль

ado

арендованный автомобиль

auto

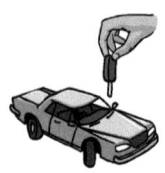

совместное пользование
автомобилями
dada

буксировочный
автомобиль
ado

мусоровоз
ado

двигатель
brumbrum!

топливо
bababa

заправка
dada

дорожный знак
dadaba

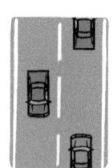

движение
badada

пробка
ado ado

автостоянка
babadada

вокзал
babababa

рельсы
dada

поезд
dadaba

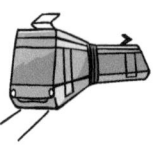

трамвай
baba

вагон
dadaba

вертолёт

baba

аэропорт

baba

вышка

dadaba

пассажир

baba

контейнер

badada

коробка

dada

тележка

baba

корзина

dadadada

взлетать / приземляться

da / bada

город

dadaba

деревня

bababa

центр города

dadababa

дом

dadaba

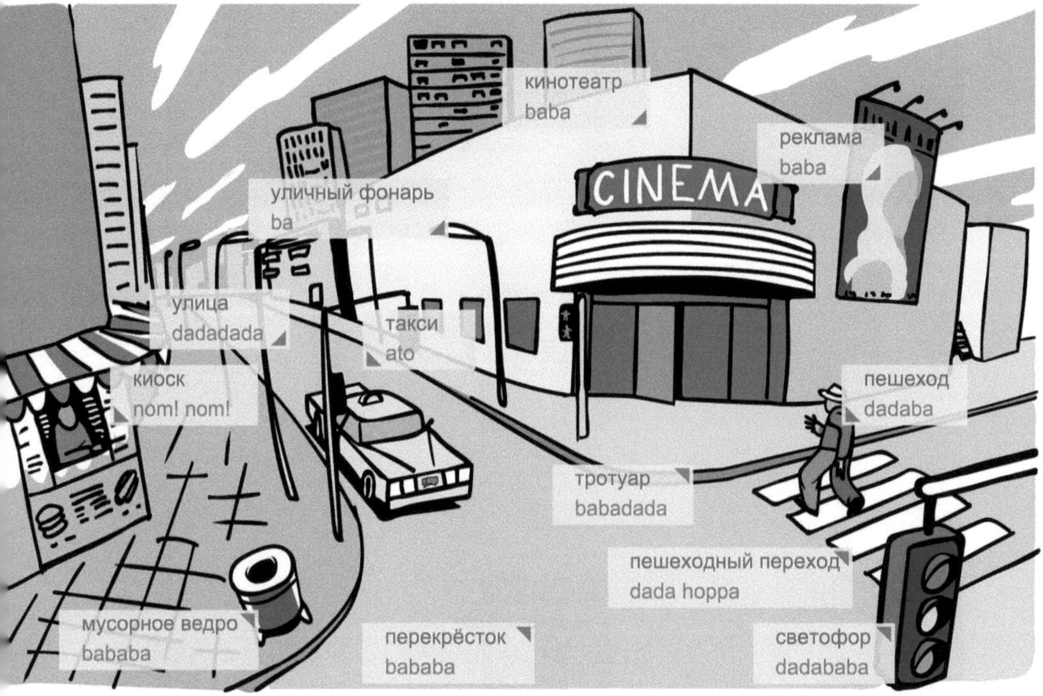

кинотеатр
baba

реклама
baba

уличный фонарь
ba

CINEMA

улица
dadadada

такси
ato

киоск
nom! nom!

пешеход
dadaba

тротуар
babadada

пешеходный переход
dada hoppa

мусорное ведро
bababa

перекрёсток
bababa

светофор
dadababa

хижина

babadada

квартира

dadadada

вокзал

babababa

ратуша

dadaba

музей

bababa

школа

baba

университет

bababababa

банк

dadadada

больница

aua!

гостиница

babadada

аптека

aua!

офис

baba

книжный магазин

bababa

магазин

ba

цветочный магазин

dadaba

супермаркет

dada nom nom

рынок

dadadada

универмаг

dadadada

торговец рыбой

nom! nom!

торговый центр

baba

порт

ba

парк

dadadada

скамейка

baba

мост

babababa

лестница

dadadada

метро

bababa

тоннель

baba

автобусная остановка

ba

бар

babababa

ресторан

nom nom!

почтовый ящик

dadaba

табличка с названием улицы

dada

паркометр

baba

зоопарк

bababa

бассейн

dada

мечеть

baba

ферма

dadaba

загрязнение окружающей
среды

dadababa

кладбище

bababa

церковь

ba

детская площадка

dadababa

храм

bababa

ландшафт

dada

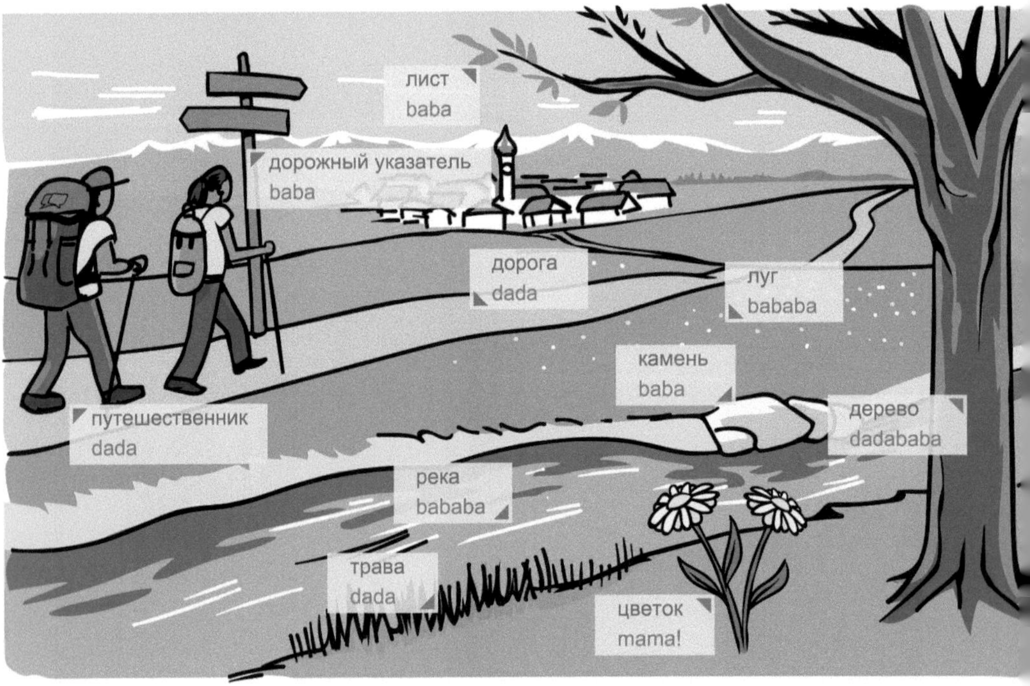

лист
baba

дорожный указатель
baba

дорога
dada

луг
bababa

камень
baba

дерево
dadababa

путешественник
dada

река
bababa

трава
dada

цветок
mama!

долина

badada

гора

bababa

озеро

dadadada

лес

dadadada

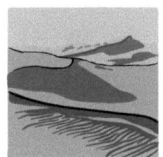

пустыня

dadababa

вулкан

dadaba

замок

babababa

радуга

dadaba

гриб

bababa

пальма

dadababa

комар

aua!

муха

badada

муравей

dadababa

пчела

summ summ

паук

dada

ландшафт - dada

жук

dadaba

лягушка

quak

белка

dadababa

еж

dadaba

заяц

baba

сова

gackgack

птица

gackgack

лебедь

gackgack

кабан

babadada

олень

dadadada

лось

dadadada

плотина

dadadada

ветряной генератор

ba

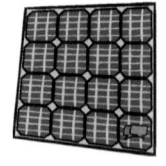

солнечная батарея

dadadada

климат

bababa

официант
dadadada

меню
baba

стул
dadaba

пицца
nom nom!

суп
nom! nom!

скатерть
bababab

столовые приборы
ba

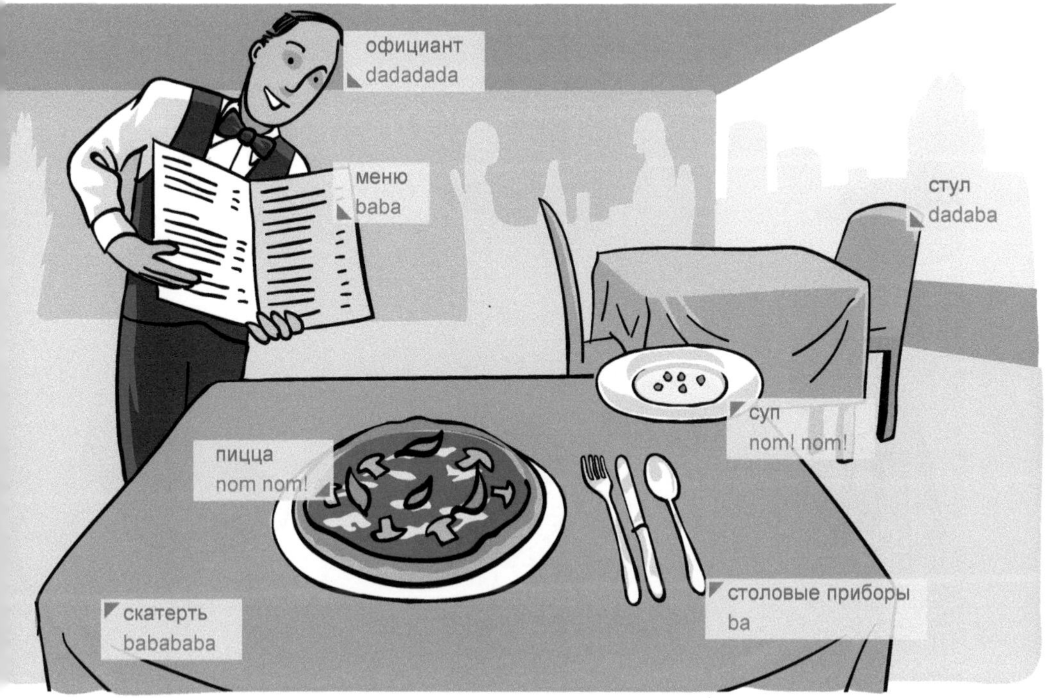

закуска
....
nom! nom!

главное блюдо
....
nom! nom!

десерт
....
nom nom!

напитки
....
dadababa

еда
....
nom nom!

бутылка
....
nom nom!

фастфуд

nom! nom!

уличная еда

nom! nom!

чайник

babababa

сахарница

nom! nom!

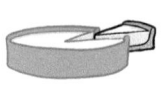

порция

nom nom!

кофеварка

dadaba

детский стульчик

bababa

счет

ba

поднос

bababa

нож

ba

вилка

babadada

ложка

dadaba

чайная ложка

bababa

салфетка

dadaba

стакан

ba

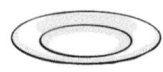

тарелка

nom nom!

суповая тарелка

bababa

блюдце

bababa

соус

nom! nom!

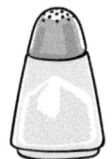

солонка

dadadada

мельница для перца

dadaba

уксус

bähbäh

масло

dadababa

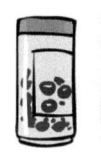

специи

dadababa

кетчуп

nom! nom!

горчица

nom! nom!

майонез

nom nom!

супермаркет

dada nom nom

специальное предложение
dadababa
покупатель
dadaba
FOR
молочные продукты
dadaba
фрукты
nom nom!
тележка для покупок
baba

BUTCHERS

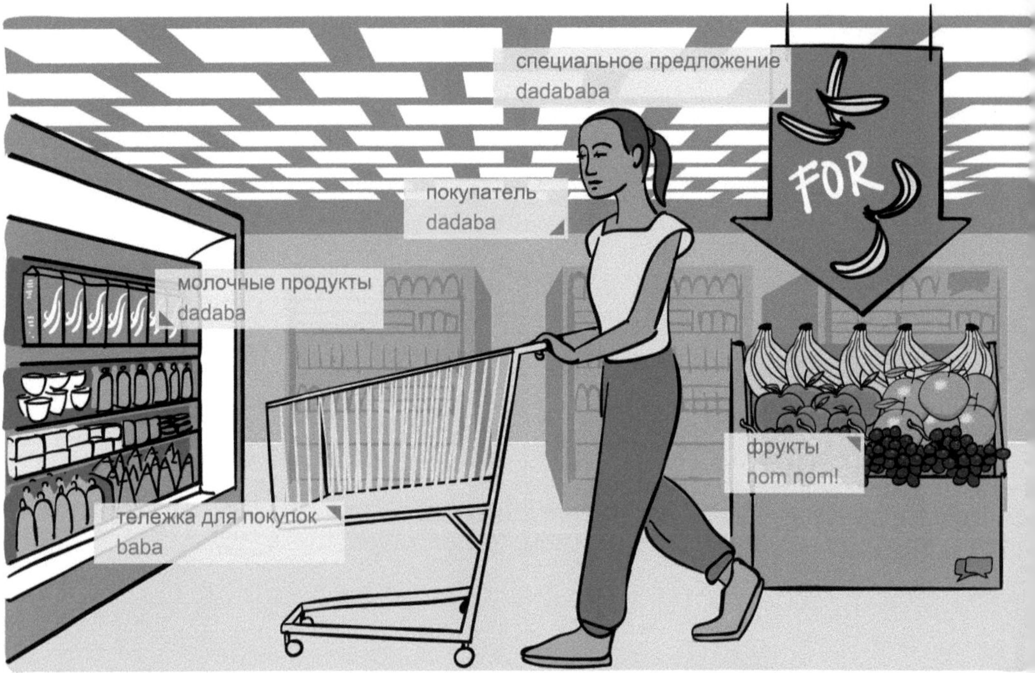

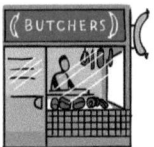

мясной магазин

dadaba

BAKERY

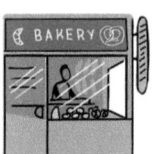

пекарня

nom! nom!

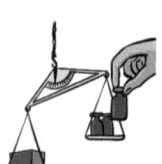

взвешивать

bababa

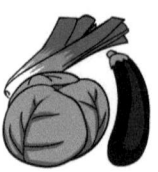

овощи

bähbäh

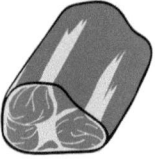

мясо

nom nom!

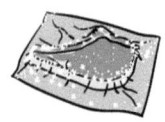

быстрозамороженные продукты

nomnom

нарезка

nom nom!

консервы

nomnom

стиральный порошок

bababa

сладости

baba

предмет домашнего
обихода
dadaba

моющее средство

dadababa

продавщица

bababa

касса

bababa

кассир

dadaba

список покупок

dada

время работы

dadababa

бумажник

baba

кредитная карточка

babadada

сумка

dadababa

полиэтиленовый пакет

dadababa

вода

wasa

сок

dadadada

молоко

badada

кока-кола

ba

вино

bababa

пиво

dadadada

алкоголь

dadaba

какао

bababa

чай

dadababa

кофе

dada

эспрессо

dadaba

капучино

dadababa

банан

nane

яблоко

nom nom!

апельсин

bababa

арбуз

nom nom!

лимон

nom nom!

морковь

bähbäh

чеснок

bada meh

бамбук

dadaba

лук

dadaba

гриб

nom nom!

орехи

nom nom!

лапша

nom nom!

спагетти

nom nom!

рис

nom nom!

салат

nom nom!

картофель фри

nom nom!

жареный картофель

nom nom!

пицца

nom nom!

гамбургер

nom nom!

сэндвич

nom nom!

шницель

nom nom!

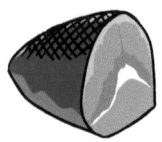

ветчина

nom nom!

салями

nom nom!

колбаса

nom nom!

курица

gack gack

жаркое

nom nom!

рыба

nom nom!

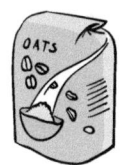

овсяные хлопья

nom nom!

мюсли

bähbäh

кукурузные хлопья

nom nom!

мука

nom nom!

круассан

nom nom!

булочка

babadada

хлеб

nom! nom!

тост

nom nom!

печенье

nom nom!

масло

nom nom!

творог

nom nom!

пирог

nom nom

яйцо

dadaba

яичница

nom nom!

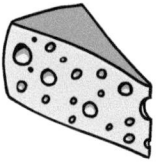

сыр

bada muh

мороженое

nom nom!

сахар

nom nom!

мёд

baba summ

мармелад

nom nom!

крем с нугой

nom nom!

карри

babadada

ферма

dadaba

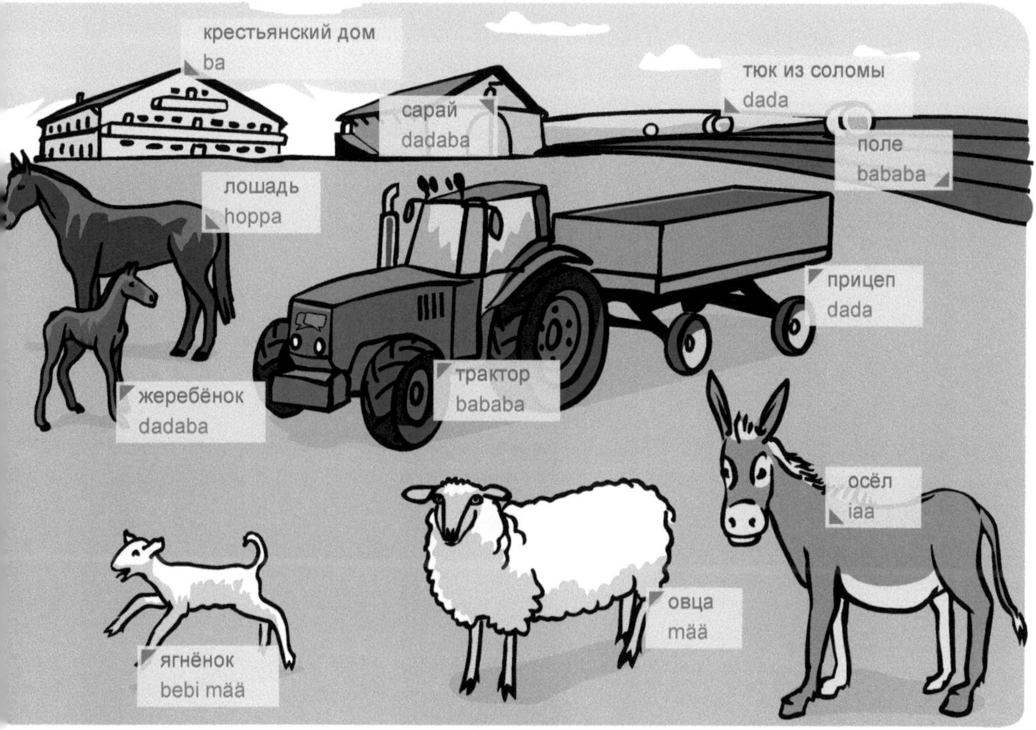

крестьянский дом
ba
сарай
dadaba
тюк из соломы
dada
поле
bababa
лошадь
hoppa
прицеп
dada
трактор
bababa
жеребёнок
dadaba
осёл
iaa
овца
mää
ягнёнок
bebi mää

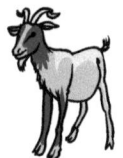

коза

baba

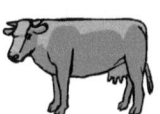

корова

muh

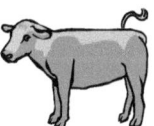

телёнок

mimuh

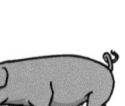

свинья

mama oink

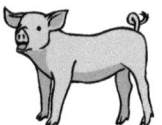

поросёнок

oink

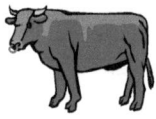

бык

dadadada

гусь

gackgack

утка

gackquack

цыплёнок

gacki

курица

gackgack

петух

gacko

крыса

dada

кошка

mau

мышь

bababa

вол

muh

собака

wauwau

конура

wauwau

садовый шланг

baba

лейка

dadababa

коса

baba

плуг

dadababa

ферма - dadaba

серп

baba

мотыга

dadadada

навозные вилы

dada

топор

bababa

тачка

babababa

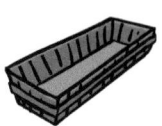

корыто

baba

бидон для молока

dada muh

мешок

dadababa

забор

badada

хлев

dadadada

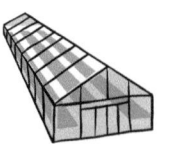

теплица

ba

почва

babadada

посев

baba

удобрение

baba

комбайн

dadababa

собирать урожай

bababa

урожай

dadadada

ямс

dadaba

пшеница

dadababa

соя

dadababa

картофель

bababa

кукуруза

badada

рапс

bababa

фруктовое дерево

bababa

маниок

dadadada

злаки

dadababa

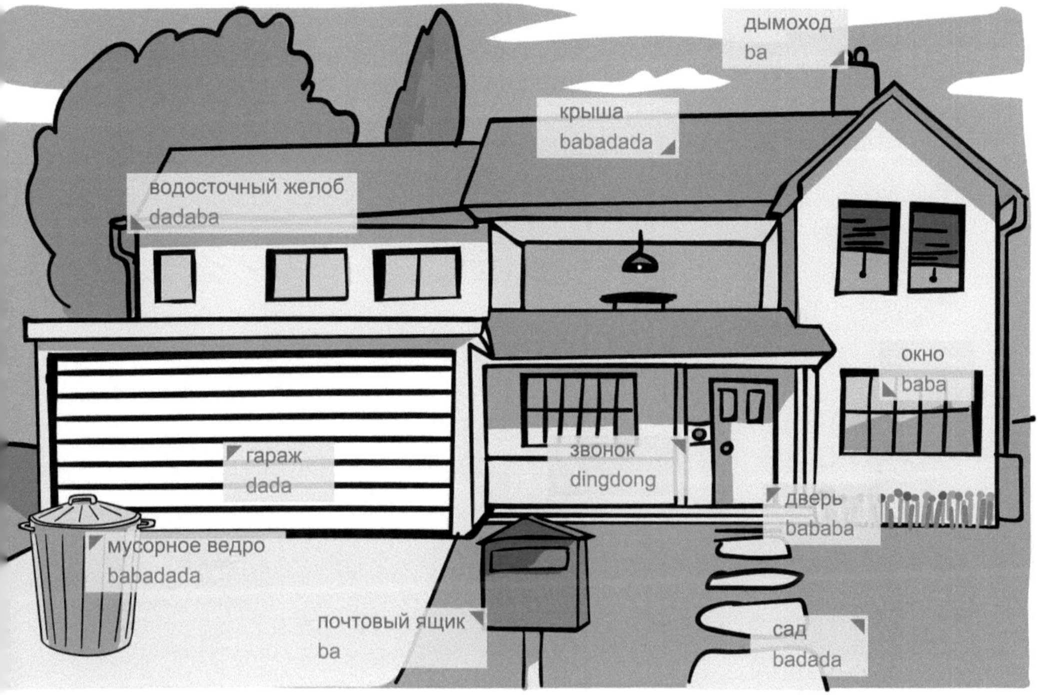

дымоход
ba

крыша
babadada

водосточный желоб
dadaba

окно
baba

гараж
dada

звонок
dingdong

дверь
bababa

мусорное ведро
babadada

почтовый ящик
ba

сад
badada

гостиная
....
dadadada

ванная комната
....
bababa

кухня
....
bababa

спальня
....
dadababa

детская комната
....
meina

столовая
....
dadaba

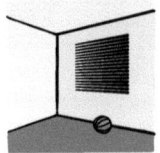

пол

badada

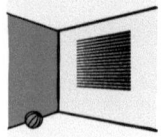

стена

dadababa

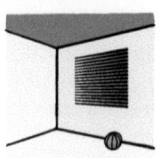

потолок

bababa

подвал

dada

сауна

dadababa

балкон

babababa

терраса

dadadada

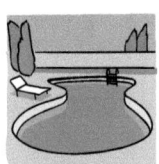

бассейн

bababa

газонокосилка

baba

пододеяльник

dadaba

покрывало

babadada

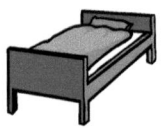

кровать

heia!

метла

dada

ведро

dadaba

выключатель

dadababa

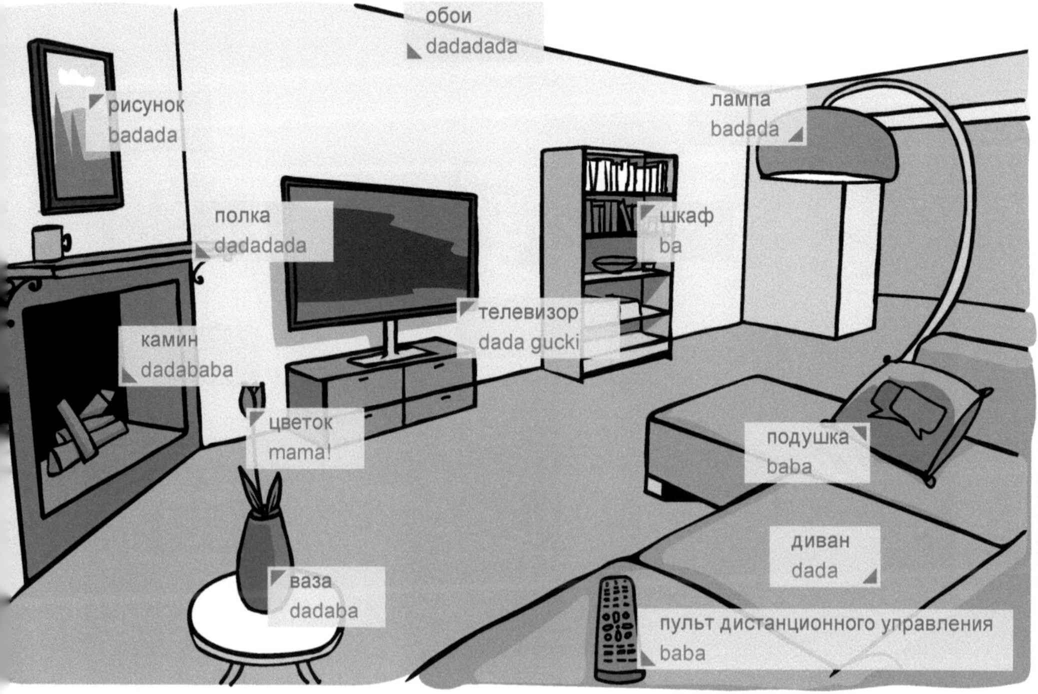

обои
dadadada

рисунок
badada

лампа
badada

полка
dadadada

шкаф
ba

камин
dadababa

телевизор
dada gucki

цветок
mama!

подушка
baba

ваза
dadaba

диван
dada

пульт дистанционного управления
baba

ковёр

dada

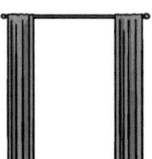

штора

bababa

стол

ba

стул

dadaba

кресло-качалка

dadadada

кресло

bababa

книга

dadaba

покрывало

dadadada

украшение

dadaba

дрова

ba

фильм

dadadada

стереосистема

lala

ключ

babadada

газета

dadadada

картина

dadadada

плакат

bababa

радио

lala

блокнот

dadababa

пылесос

babadada

кактус

aua!

свеча

babadada

кухня
bababa

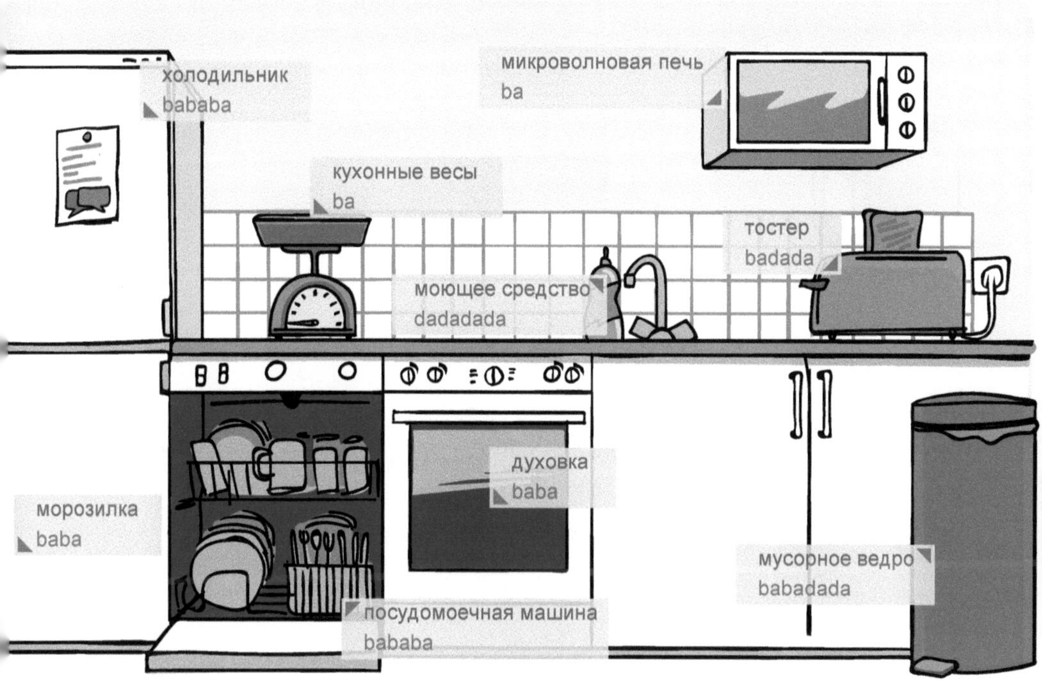
холодильник
bababa
микроволновая печь
ba
кухонные весы
ba
тостер
badada
моющее средство
dadadada
духовка
baba
морозилка
baba
мусорное ведро
babadada
посудомоечная машина
bababa

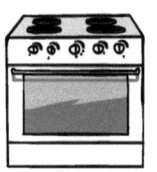

плита

dada

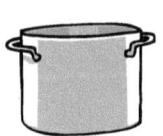

кастрюля

dada

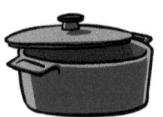

чугунный котелок

dada

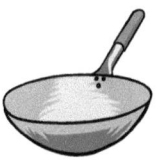

вок / кадай

baba / dada

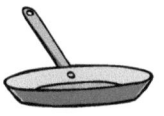

сковорода

badada

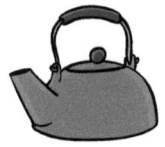

чайник

ba

пароварка

dadababa

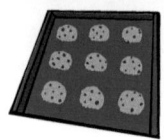

противень

bababa

посуда

dadaba

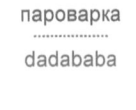

кружка

dadadada

миска

dadaba

палочки для еды

baba

половник

dadaba

лопатка

dadadada

сбивалка

badada

сито

dada

сито

bababa

тёрка

baba

ступка

dadababa

гриль

dada

костёр

aua!

доска

dadababa

скалка

babababa

штопор

dadababa

жестяная банка

dadadada

консервный нож

bababa

прихватка

dadababa

раковина

dadadada

щетка

dadababa

губка

ba

миксер

aua!

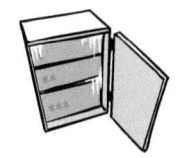

морозильная камера

babadada

бутылочка для кормления

bababa

кран

dadadada

ванная комната
bababa

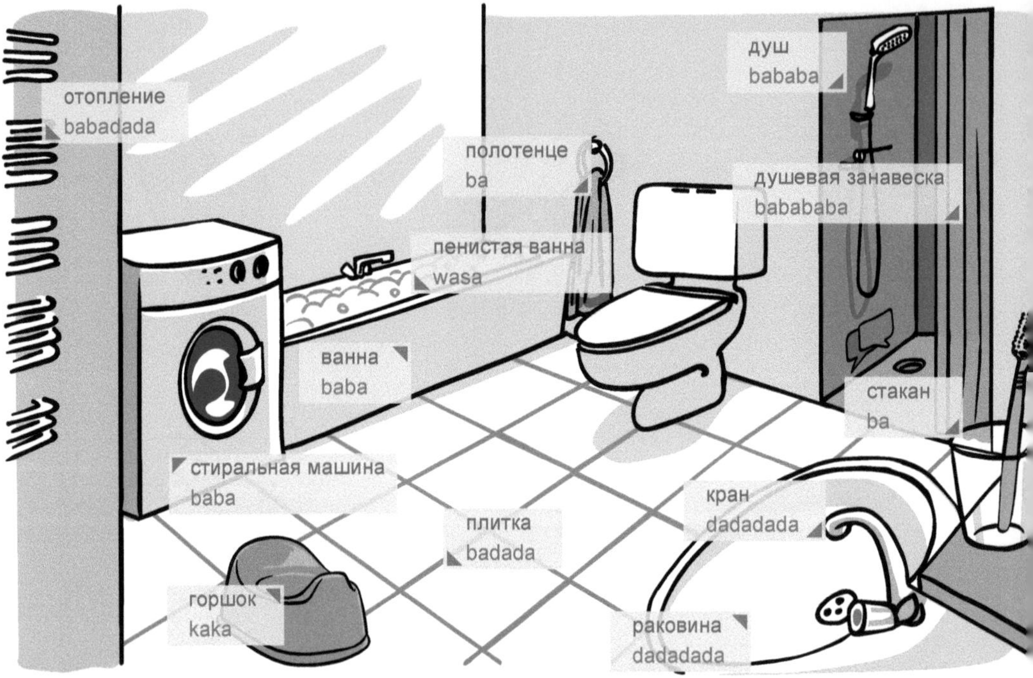

отопление
babadada
полотенце
ba
душ
bababa
душевая занавеска
babababa
пенистая ванна
wasa
ванна
baba
стиральная машина
baba
плитка
badada
стакан
ba
кран
dadadada
горшок
kaka
раковина
dadadada

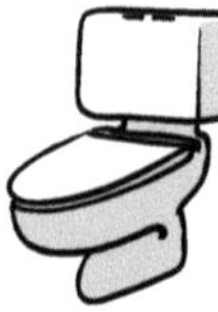

туалет
kaka

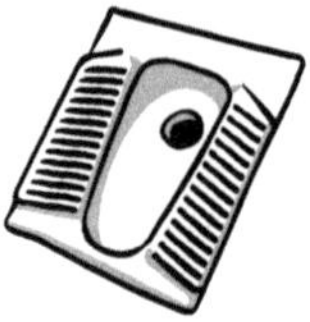

напольный унитаз
ba

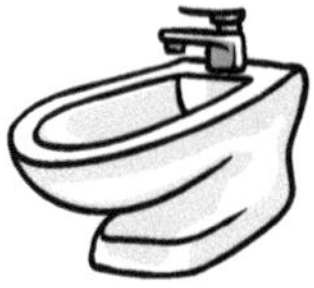

биде
dadababa

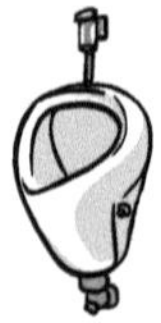

писсуар
dadababa

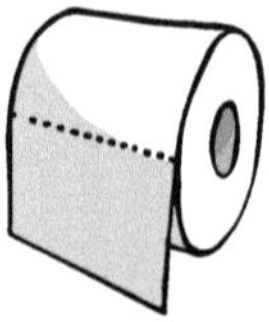

туалетная бумага
kaka

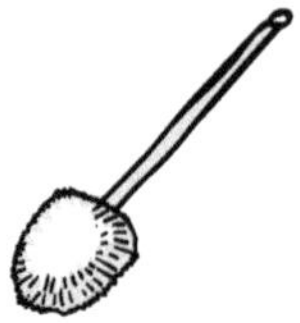

ершик
bababa

зубная щетка

bababa

зубная паста

nom! nom!

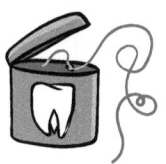

зубная нить

dadadada

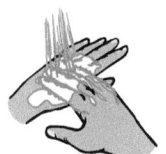

мыть

bababa

ручной душ

babababa

интимный душ

dadadada

таз

badada

щетка для спины

dadadada

мыло

nom! nom!

гель для душа

nom! nom!

шампунь

nom! nom!

мочалка

babadada

сток

dadaba

крем

nom! nom!

дезодорант

babababa

зеркало

dadadada

ручное зеркало

dadadada

бритва

ba

пена для бритья

nom! nom!

лосьон после бритья

nam! nam!

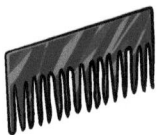

расческа

dadababa

щетка

baba

фен

dadadada

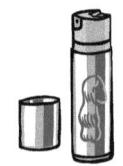

лак для волос

badada

косметика

dadaba

губная помада

mama!

лак для ногтей

ba

вата

bababa

маникюрные ножницы

dadadada

духи

bababa

косметичка
....
dadadada

табуретка
....
bababa

весы
....
dadadada

халат
....
ba

резиновые перчатки
....
bababababa

тампон
....
ba

гигиеническая прокладка
....
bababa

биотуалет
....
baba

детская комната
meina

будильник
bababa
мягкая игрушка
bababa
игрушечный автомобиль
auto
погремушка
dadadada
кукольный домик
bababa
подарок
babababa

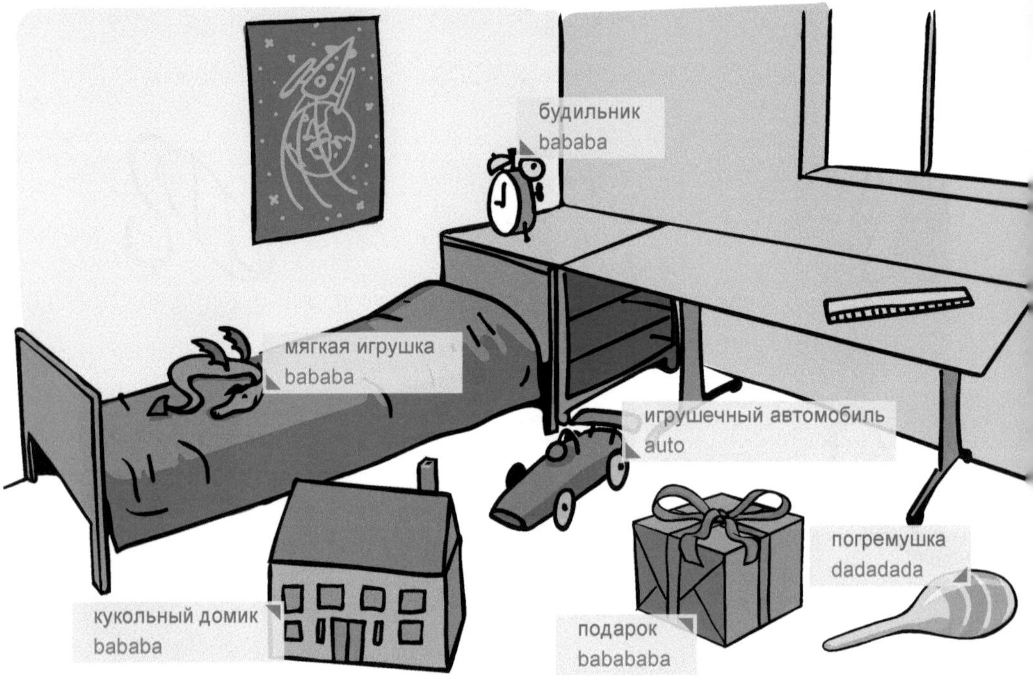

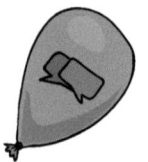

воздушный шар

dadadada

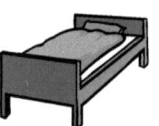

кровать

heia!

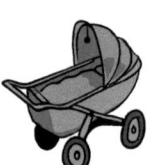

детская коляска

dadaba

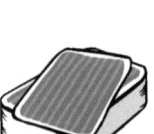

карточная игра

dadababa

пазл

bababa

SUPER
MEGA

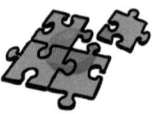

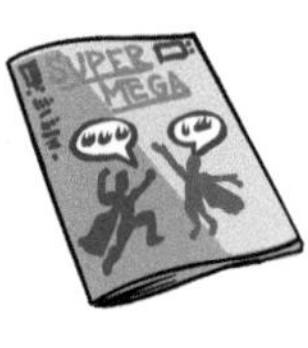

комикс

dadababa

кирпичики Лего

badada

кубики

badada

игрушечная фигурка

dada

ползунки

dadadada

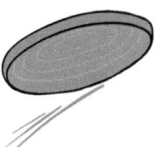

фрисби

dadaba

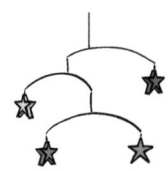

мобиле

dadaba

настольная игра

ba

кубик

baba

модель железной дороги

dadababa

соска

lula

вечеринка

baba

книга с картинками

dadaba

мяч

dada

кукла

dada

играть

badada

песочница

dadaba

качели

bababa

игрушка

dadababa

игровая приставка

dadaba

трёхколесный велосипед

babadada

плюшевый медвежонок

dadababa

шкаф для одежды

dadaba

одежда

baba

носки

dadadada

чулки

ba

колготки

dada

шарф
bababa

ремень
dadababa

зонтик
bababa

футболка
badada

кроссовки
ba

сапоги
baba

тапки
baba

сандалии
·············
bababa

ботинки
·············
badada

резиновые сапоги
·············
dada

трусы
·············
ba

бюстгальтер
·············
baba

майка
·············
dadadada

одежда - baba

боди
badada

брюки
ba

джинсы
bababa

юбка
dada

блузка
bababa

рубашка
dadadada

свитер
baba

свитер
baba

спортивная куртка
babadada

жакет
baba

пальто
bababa

плащ
dadababa

костюм
bababa

платье
ba

свадебное платье
dadaba

мужской костюм

dadadada

ночная сорочка

babababa

пижама

heia

сари

baba

платок

dadadada

тюрбан

dada

паранджа

dada

кафтан

baba

абайя

dadadada

купальник

wasa

плавки

bababa

шорты

dadababa

спортивный костюм

babababa

фартук

baba

перчатки

babababa

пуговица

dadaba

очки

babadada

браслет

dada

цепочка

dadababa

кольцо

bababa

серьга

dadababa

шапка

dada

вешалка

babadada

шляпа

dadababa

галстук

bababa

застежка молния

badada

шлем

dadaba

подтяжки

dada

школьная форма

babadada

форма

babababa

детский нагрудник
....
namnam

соска
....
lula

подгузник
....
kaka!

офис
baba

сервер
dadaba

канцелярский шкаф
dadababa

монитор
dadadada

принтер
badada

бумага
dadadada

письменный стол
ba

мышь
baba

папка
dadaba

клавиатура
dada

корзина для бумаг
babadada

компьютер
dada

стул
bababa

кофейная кружка
....
dada

калькулятор
....
bababa

интернет
....
da da

ноутбук

papa!

письмо

dadababa

сообщение

ba

мобильный телефон

fon

сеть

bababa

ксерокс

ba

программа

bababa

телефон

dada bing

розетка

aua!

факс

bababa

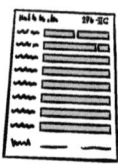

формуляр

dadaba

документ

bababa

покупать

baba

платить

dadadada

торговать

dadaba

деньги

badada

доллар

babadada

евро

dadaba

иена

bababa

рубль

ba

франк

dada

жэньминьби юань

dada

рупия

ba

банкомат

ba

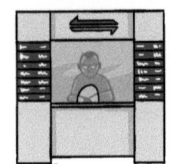

пункт обмена валюты

dadadada

золото

dadadada

серебро

baba

нефть

dadadada

энергия

ba

цена

dadadada

договор

baba

налог

bababa

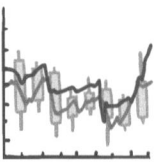

акция

dadadada

работать

dadaba

служащий

dadadada

работодатель

dadababa

фабрика

dadaba

магазин

ba

милиционер
baba

пожарный
dada

пилот
bababa

повар
babababa

врач
aua!

садовник

bababa

столяр

bababa

швея

baba

судья

bababa

химик

dadaba

актёр

dadababa

водитель автобуса

ba

таксист

auto mann

рыбак

bababa

уборщица

dadadada

кровельщик

dadadada

официант

dadadada

охотник

badada

художник

dadadada

пекарь

dadababa

электрик

papa!

строитель

babababa

инженер

bababa

мясник

dadababa

сантехник

dadadada

почтальон

bababa

солдат

dadadada

архитектор

ba

кассир

dadaba

флорист

bababa

парикмахер

babadada

кондуктор

bababa

механик

dadaba

капитан

dada

зубной врач

badada

ученый

ba

раввин

bababa

имам

dadaba

монах

dada

священник

dadadada

инструменты
dada

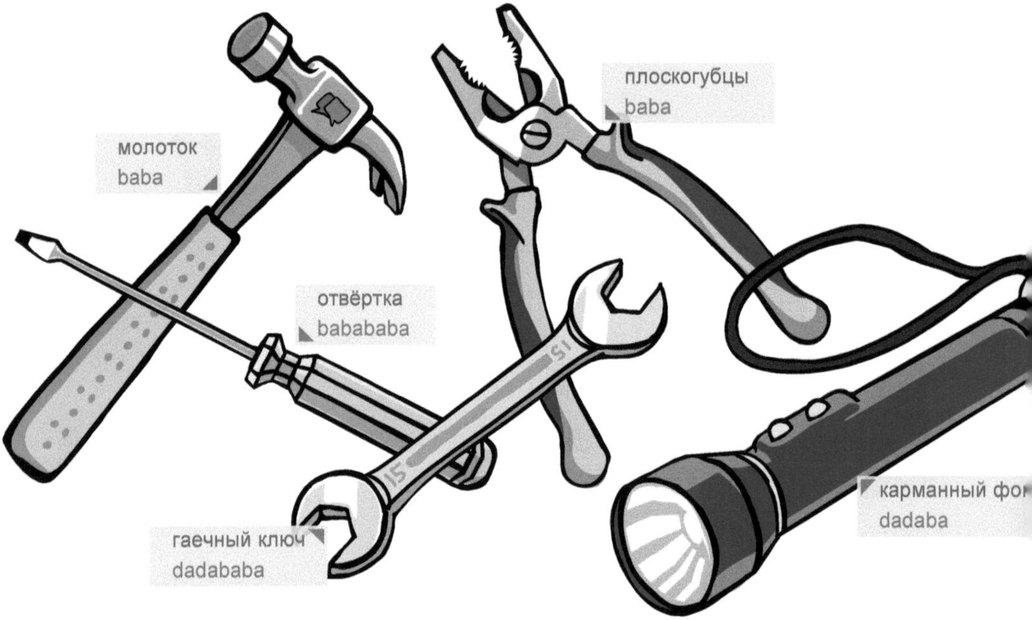
плоскогубцы
baba
молоток
baba
отвёртка
babababa
карманный фо
dadaba
гаечный ключ
dadababa

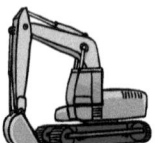

экскаватор

dadaba

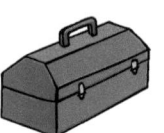

ящик для инструментов

baba

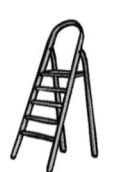

стремянка

babababa

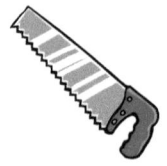

пила

dadaba

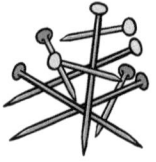

гвозди

babadada

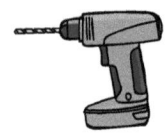

дрель

dada

ремонтировать
....
dadababa

лопата
....
dada

Блин!
....
aua!

совок
....
dada

ведро с краской
....
dadaba

винты
....
babababa

музыкальные инструменты
bababa

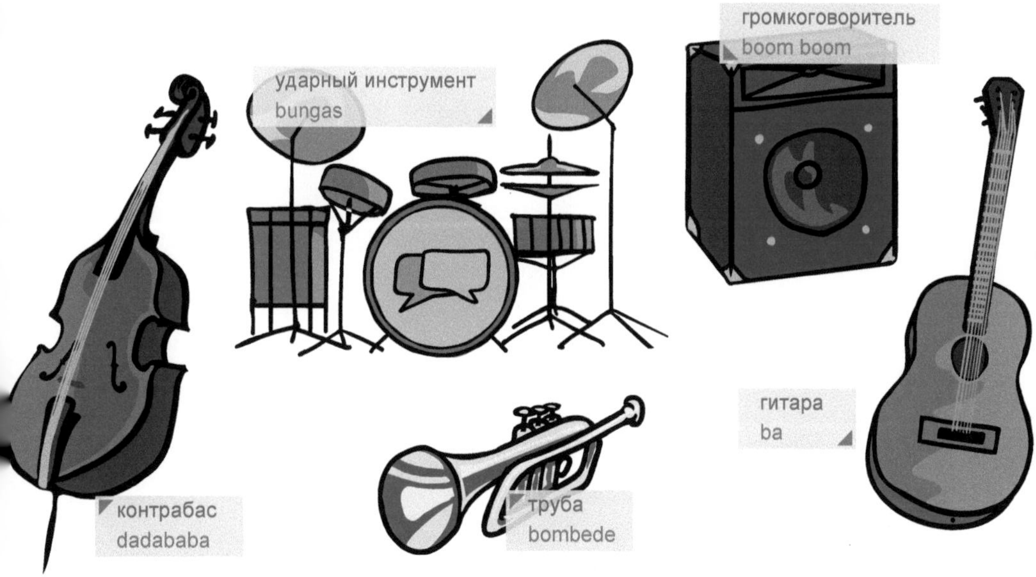

ударный инструмент
bungas

громкоговоритель
boom boom

контрабас
dadababa

труба
bombede

гитара
ba

пианино

bingbing

скрипка

bababa

бас-гитара

ba

литавры

badada

барабан

bunga bunga

синтезатор

badada

саксофон

dadababa

флейта

dadababa

микрофон

dadadada

зоопарк

bababa

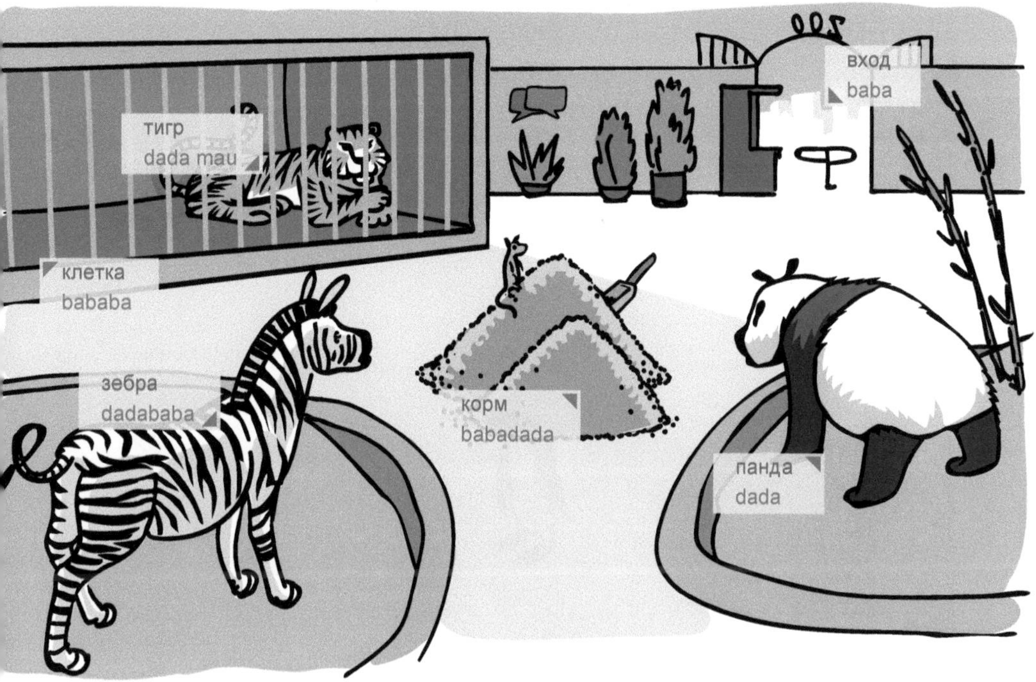
тигр
dada mau
вход
baba
клетка
bababa
зебра
dadababa
корм
babadada
панда
dada

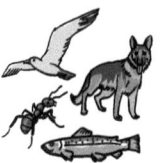

животные

dadadada

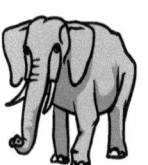

слон

bababa

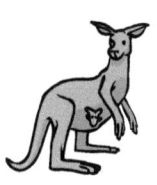

кенгуру

dadaba

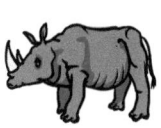

носорог

babadada

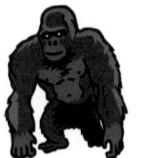

горилла

dada

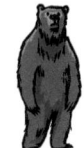

медведь

babababa

верблюд

dadaba

страус

gackgack

лев

babadada

обезьяна

dadaba

фламинго

gackgack

попугай

bababa

белый медведь

bababa

пингвин

dada

акула

bababa

павлин

dadaba

змея

badada

крокодил

babababa

служитель зоопарка

dadadada

тюлень

dada

ягуар

bababa

зоопарк - bababa

пони
ei!

леопард
dadadada

бегемот
dada

жираф
babababa

орёл
bababa

кабан
babadada

рыба
nom nom!

черепаха
dadadada

морж
anje

лиса
dadadada

газель
bababa

американский футбол
dadababa

езда на велосипеде
dadaba

теннис
bum bum

баскетбол
ball

плавание
badada

бокс
aua!

хоккей
baba

футбол
dadadada

бадминтон
badada

лёгкая атлетика
dadababa

гандбол
ball

лыжный спорт
dadadada

поло
baba

62

действия
dadadada

прыгать
dada
обнимать
bababa
смеяться
baba
идти
dada
петь
dadababa
мечтать
dadababa
молиться
dadadada
целовать
mama!

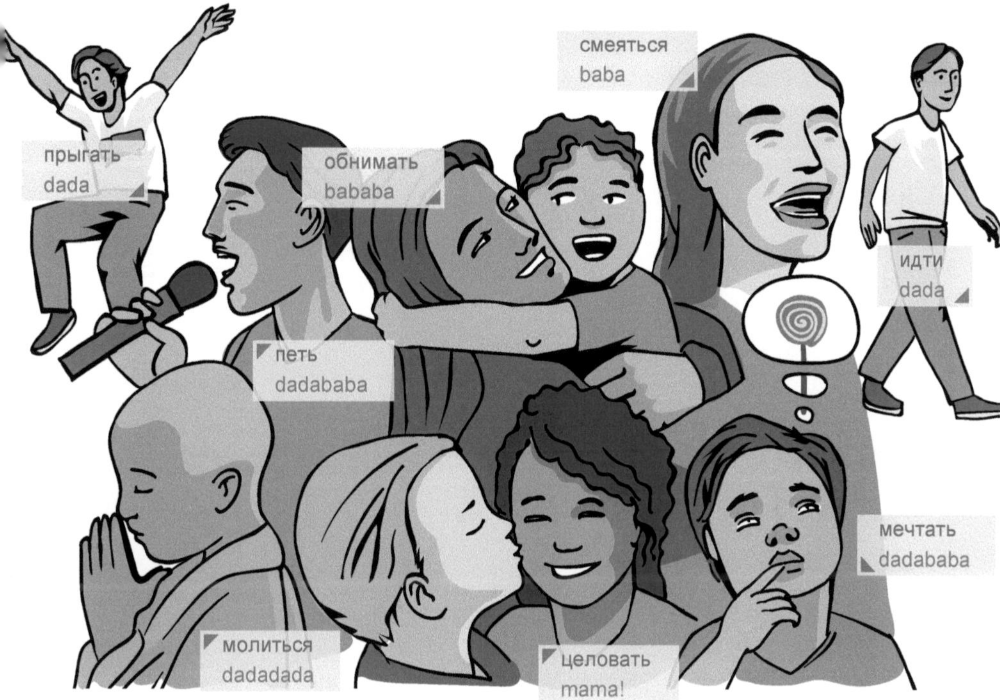

писать dadaba	рисовать dada	показывать dadababa
нажимать dada	давать badada	брать dadaba

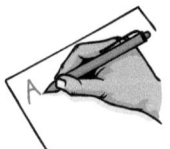

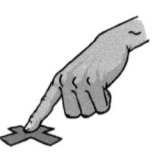

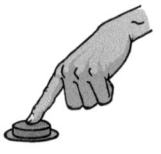

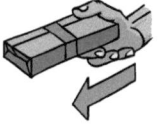

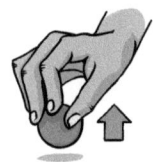

иметь
....
dadaba

делать
....
dadadada

быть
....
babadada

стоять
....
dadadada

бежать
....
baba

тянуть
....
dadababa

бросать
....
dadadada

падать
....
dadaba

лежать
....
badada

ждать
....
dadaba

носить
....
bababa

сидеть
....
ba

надевать
....
dadababa

спать
....
heia!

просыпаться
....
bababa

рассматривать

babababa

плакать

baaaaaa

гладить

dadadada

причесывать

bababa

говорить

bababa

понимать

baba

спрашивать

badada

слушать

dadababa

пить

bababa

кушать

nomnom!

наводить порядок

badada

любить

ba

готовить

badada

ехать

dadababa

летать

dadadada

действия - dadadada

ходить под парусом

dadababa

считать

dadababa

читать

dadadada

учиться

dadababa

работать

dadaba

вступать в брак

baba

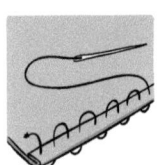

шить

dada

чистить зубы

aua!

убивать

aua!

курить

dadababa

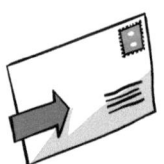

отправлять

bababa

бабушка
oma!

дедушка
opa!

папа
papa!

мама
mama!

младенец
bebi

дочь
ba

сын
badada

гость

baba

тетя

ba

дядя

bababa

брат

nein!

сестра

nein!

тело

dadababa

лоб
bababa
глаз
dada
плечо
bababa
палец
dada
лицо
dada
подбородок
dadababa
кисть
baba
нога
dadaba
грудь
da
рука
bababa

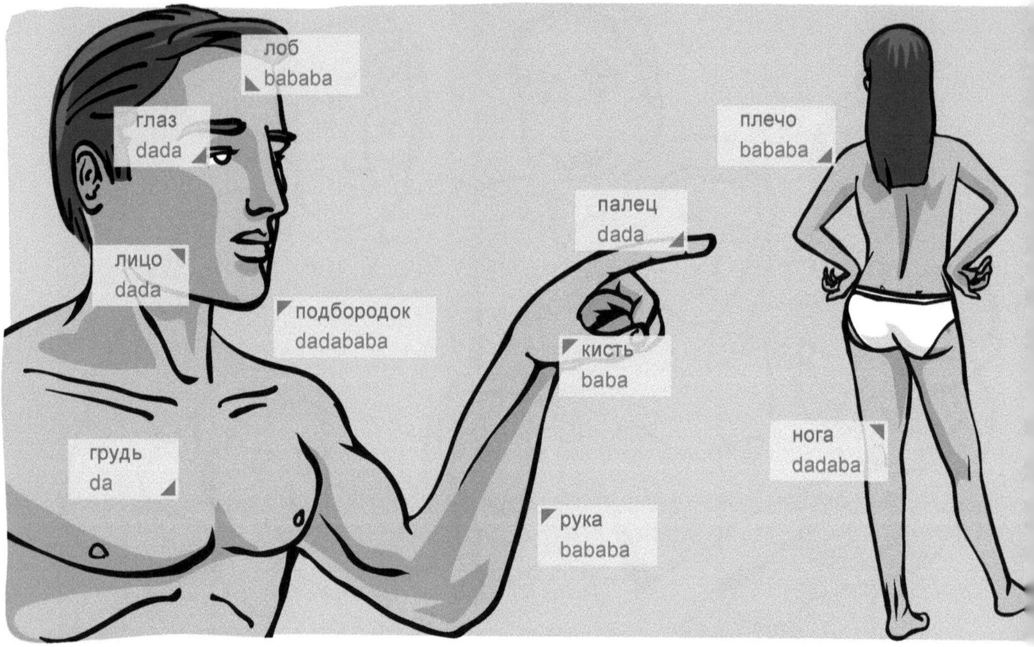

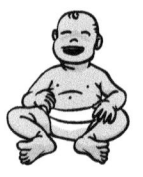

младенец

bebi

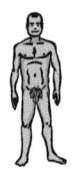

мужчина

papa!

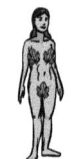

женщина

mama

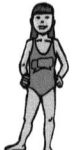

девочка

baba

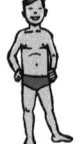

мальчик

babadada

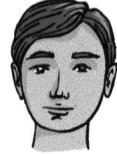

голова

bababa

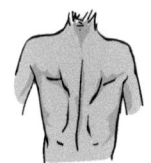

спина

baba

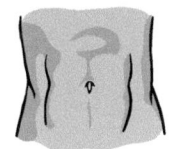

живот

dadababa

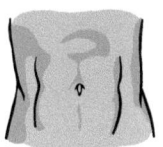

пупок

dada

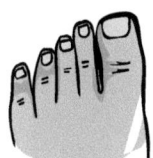

палец ноги

dadababa

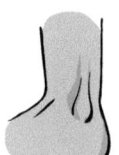

пятка

ba

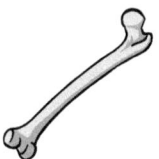

кость

badada

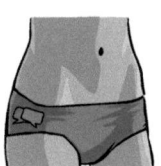

бедро

bababa

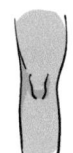

колено

dada

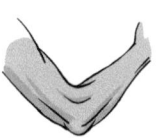

локоть

dadadada

нос

bababa

ягодицы

popo

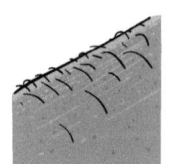

кожа

dadaba

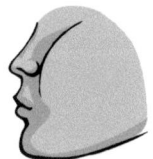

щека

badada

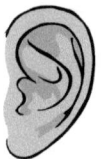

ухо

dada

губа

babababa

рот

dadababa

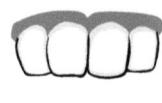

зуб

dadadada

язык

baba

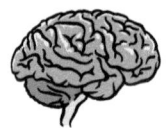

мозг

dadadada

сердце

baba

мышца

dada

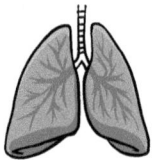

лёгкое

dada

печень

dada

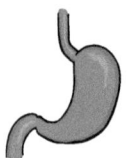

желудок

dadababa

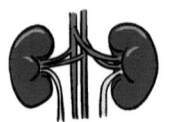

почки

dadaba

половой акт

babadada

презерватив

dada

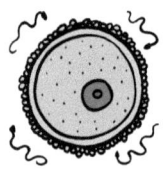

яйцеклетка

badada

сперма

dadababa

беременность

dadababa

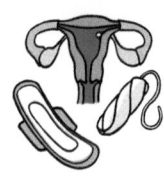

менструация
....
ba

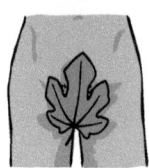

вагина
....
mumu

пенис
....
pipi

бровь
....
dada

волосы
....
dadababa

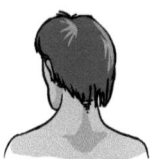

шея
....
bababa

больница
aua!

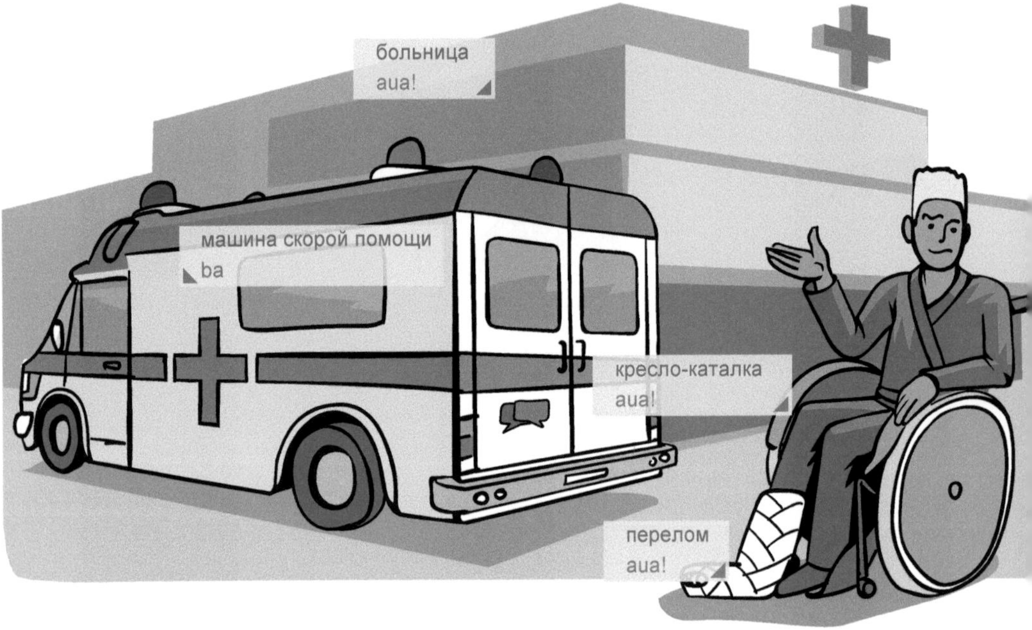

машина скорой помощи
ba

кресло-каталка
aua!

перелом
aua!

врач

aua!

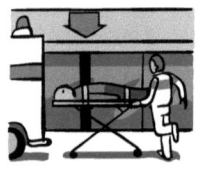

пункт первой помощи

aua!

медсестра

aua!

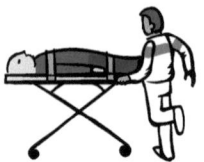

неотложный случай

aua!

без сознания

aua!

боль

dadababa

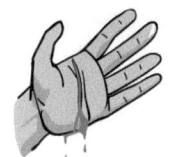

повреждение

aua!

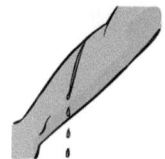

кровотечение

dadadada

инфаркт

aua!

инсульт

aua!

аллергия

dadababa

кашель

aua!

повышенная температура

aua!

грипп

aua!

понос

aua!

головная боль

aua!

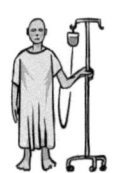

рак

aua!

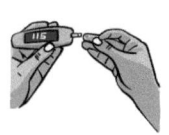

диабет

aua!

хирург

aua!

скальпель

aua!

операция

aua!

КТ
....
aua!

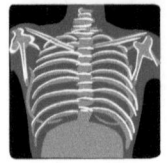

рентген
....
aua!

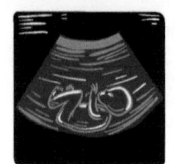

ультразвук
....
aua!

маска
....
aua!

болезнь
....
aua!

приёмная
....
aua!

костыль
....
aua!

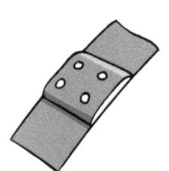

пластырь
....
aua!

бинт
....
dadababa

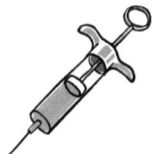

укол
....
aua!

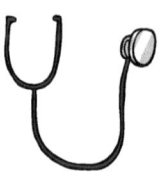

стетоскоп
....
aua!

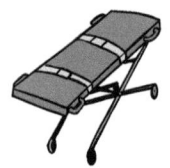

носилки
....
aua!

термометр
....
aua!

рождение
....
aua! bebi!

избыточный вес
....
aua!

слуховой аппарат

aua!

дезинфекционное средство

aua!

инфекция

aua!

вирус

aua!

ВИЧ / СПИД

aua!

лекарство

aua!

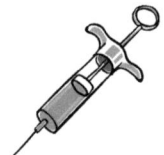

прививка

aua!

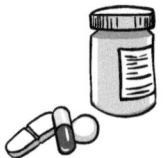

таблетки

aua!

противозачаточная таблетка

dadaba

экстренный вызов

aua!

прибор для измерения кровяного давления

aua!

больной / здоровый

da / ba

Помогите!

aua!

сигнал тревоги

aua!

нападение

aua!

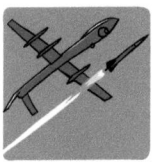

атака

aua!

опасность

aua!

запасной выход

dadadada

Пожар!

dadaba

огнетушитель

dadaba

несчастный случай

aua! aua!

аптечка

aua!

SOS

baba

милиция

dadadada

Европа

badada

Северная Америка

dadaba

Южная Америка

dadababa

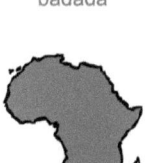

Африка

dadaba

Азия

dadaba

Австралия

babababa

Атлантический океан

badada

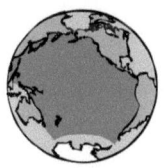

Тихий океан

dadaba

Индийский океан

baba

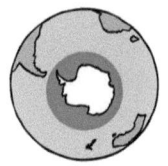

Антарктический океан

bababa

Северный Ледовитый океан

dadababa

Северный полюс

bababa

Южный полюс

dadababa

Антарктика

dadaba

земля

dada

суша

dadaba

море

badada

остров

dadadada

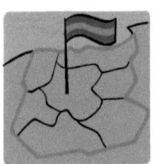

нация

dadadada

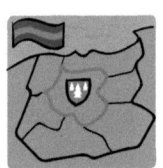

государство

dadababa

земля - dada

циферблат

baba

часовая стрелка

babadada

минутная стрелка

baba

секундная стрелка

bababa

Который час?

dadababa

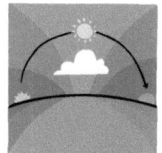

день

babadada

время

dada

сейчас

baba

электронные часы

dadababa

минута

dadababa

час

bababa

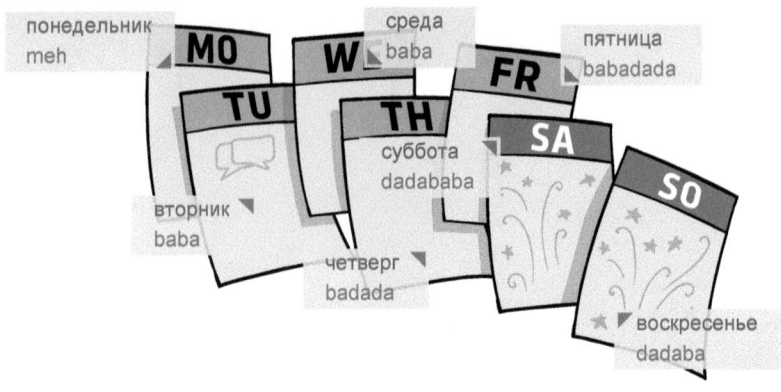

понедельник
meh

среда
baba

пятница
babadada

вторник
baba

четверг
badada

суббота
dadababa

воскресенье
dadaba

вчера

dadadada

сегодня

dadababa

завтра

dadaba

утро

baba

полдень

baba

вечер

dadadada

рабочие дни

dada

выходные

baba

дождь
dadababa

радуга
dadaba

ветер
dadadada

снег
kalt

весна
dadadada

осень
bababa

лето
badada

зима
kalt

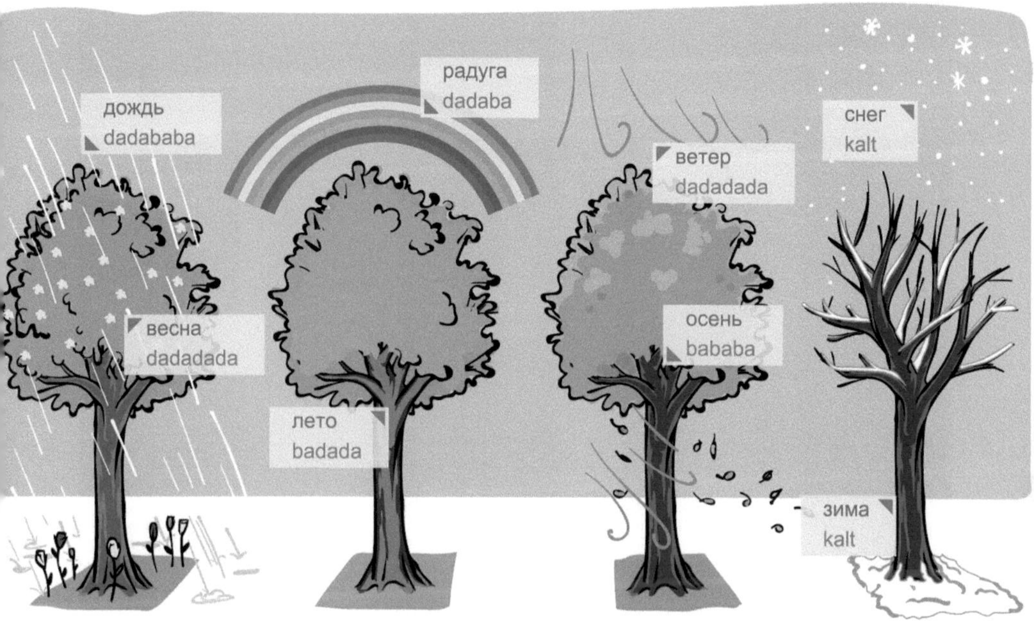

прогноз погоды
dadababa

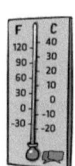

термометр
bababa

солнечный свет
ba

туча
baba

туман
dadadada

влажность воздуха
dada

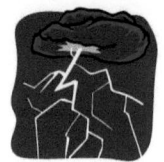

молния

dadababa

гром

dada

буря

badada

град

dadababa

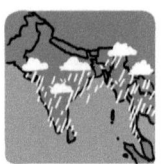

муссон

bababa

наводнение

dadaba

лёд

dadadada

январь

dadaba

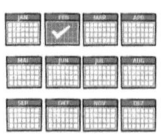

февраль

dadaba

март

bababa

апрель

dadadada

май

dadadada

июнь

babababa

июль

baba

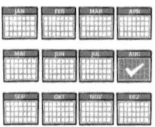

август

bababa

год - dadaba

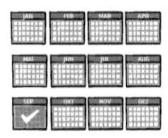

сентябрь
....
dadadada

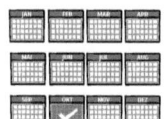

октябрь
....
badada

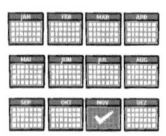

ноябрь
....
dadababa

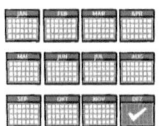

декабрь
....
baba

формы
dadababa

круг
....
baba

квадрат
....
badada

прямоугольник
....
dadababa

треугольник
....
bababababa

шар
....
dadadada

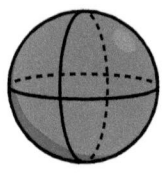

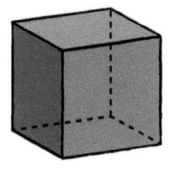

куб
....
bababababa

белый

dadababa

желтый

babababa

оранжевый

baba

розовый

dadadada

красный

babadada

лиловый

dadababa

синий

dadadada

зелёный

ba

коричневый

baba

серый

bababa

черный

badada

много / мало

da / ba

яростный / мирный

da / ba

красивый / уродливый

da / ba

начало / конец

da / ba

большой / маленький

da / ba

светлый / темный

da / ba

брат / сестра

da / ba

чистый / грязный

da / ba

полный / неполный

da / bada

день / ночь

da / ba

мёртвый / живой

da / ba

широкий / узкий

da / ba

съедобный / несъедобный

da / ba

злой / дружелюбный

da / ba

взволнованный / скучающий

ba / ba

толстый / худой

da / ba

сначала / в конце

ba / ba

друг / враг

da / bada

полный / пустой

da / ba

твёрдый / мягкий

da / ba

тяжёлый / легкий

da / ba

голод / жажда

da / bada

больной / здоровый

da / ba

незаконный / законный

da / ba

умный / глупый

da / ba

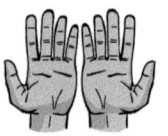

слева / справа

ba / ba

близко / далеко

da / ba

новый / подержанный

da / bada

ничто / нечто

da / ba

старый / молодой

ba / ba

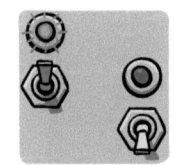

включено / выключено

da / ba

открыто / закрыто

da / ba

тихо / громко

da / ba

богатый / бедный

ba / ba

правильный /
неправильный
da / ba

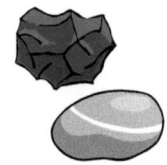

шероховатый / гладкий

da / ba

печальный / счастливый

ba / ba

короткий / длинный

da / ba

медленный / быстрый

da / ba

мокрый / сухой

da / bada

тёплый / прохладный

da / bada

война / мир

da / ba

0

ноль

dada

1

один

a

2

два

ba

3

три

da ba da

4

четыре

badabada

5

пять

dadababa

6

шесть

dadaba

7

семь

badada

8

восемь

dadababa

9

девять

dadaba

10

десять

dadadada

11

одиннадцать

badada

12
двенадцать
baba

13
тринадцать
bababa

14
четырнадцать
baba

15
пятнадцать
babadada

16
шестнадцать
dadababa

17
семнадцать
babababa

18
восемнадцать
dadababa

19
девятнадцать
bababa

20
двадцать
dadababa

100
сто
baba

1.000
тысяча
baba

1.000.000
миллион
dadababa

английский

baba

американский английский

babadada

мандаринский китайский

dadababa

хинди

ba

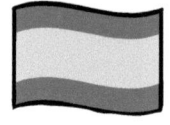

испанский

badada

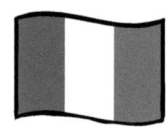

французский

ohlala

арабский

babadada

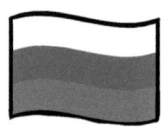

русский

dadaba

португальский

dada

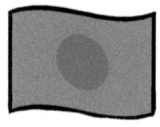

бенгальский

dadadada

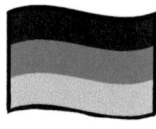

немецкий

badada

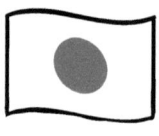

японский

dadadada

я
....
a

ты
....
dadadada

он / она / оно
....
da / da / da

мы
....
o ba ma

вы
....
bababab

они
....
baba

кто?
....
dadadada

что?
....
dadadada

как?
....
baba

где?
....
babababa

когда?
....
babadada

имя
....
dadaba

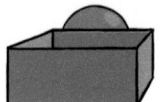

за

baba

в

dadaba

перед

baba

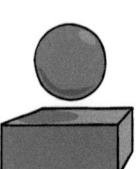

над

ba

на

baba

под

dadababa

рядом

babababa

между

ba

место

dada